Paul Leroy-Beaulieu

La Réforme municipale en France

essai

ISBN : 978-1532895197

10 9 8 7 6 5 4 3 2 1

Paul Leroy-Beaulieu

La Réforme municipale en France

essai

Table de Matières

Introduction

L'assemblée nationale, après une discussion sommaire dont la brièveté s'explique par le désir de mettre promptement un terme à la guerre civile en enlevant tout prétexte plausible à l'insurrection de Paris, vient de modifier les institutions municipales de la France ; mais il a été bien entendu qu'il s'agissait seulement d'une organisation provisoire, et qu'une loi organique réglerait bientôt d'une manière définitive toutes les questions d'administration communale. Les observations que provoque la loi récente n'ont donc pas un intérêt uniquement doctrinal ou rétrospectif ; elles peuvent encore être d'une utilité effective dans un prochain avenir. Il est d'abord une critique qu'il est impossible de ne pas émettre sur notre façon de procéder en cette matière comme en tant d'autres. Quand un industriel intelligent désire renouveler son outillage, améliorer sa fabrication, que fait-il ? Il s'enquiert des usages et des règlement des grandes maisons de l'étranger ; il fait venir des plans, des modèles, des prospectus, et, après avoir étudié, comparé avec maturité l'organisation des établissements prospères des autres pays, il innove où il conserve en connaissance de cause. S'il n'agissait ainsi, on l'accuserait à juste titre de manquer de prudence et d'initiative. Pourquoi un état ne ferait-il pas de même ? Quand la France sent le besoin de modifier ses institutions, pourquoi nos législateurs n'étudieraient-ils pas attentivement celles des autres nations ? Au cours des dernières discussions de l'assemblée nationale sur la nouvelle loi municipale par exemple, sauf une courte incursion faite par M. Baudot et M. Léon Say dans l'administration de la ville de Londres, aucun membre ne s'est soucié d'interroger la pratique des autres peuples, et de chercher, en dehors de la France, sinon des modèles, du moins des exemples. Les meilleures leçons sont ainsi perdues pour nous. Nous demeurons, comme le céleste empire, entourés d'une muraille qui arrête à nos frontières les idées de l'étranger. Il semble que nous n'ayons jamais rien à apprendre de nos voisins. Cette erreur n'a pas été à coup sûr une des moindres causes de nos désastres ; elle serait enfin notre perte, si, convaincus que notre système administratif est, comme on l'a dit, un objet d'universelle envié, nous persistions à ne vouloir tirer ni enseignement, ni profit des expériences faites par les autres nations. La vérité est que nous avons beaucoup à leur emprunter, et, notamment en ce qui concerne l'organisation municipale, on verra qu'il y aurait grand avantage pour notre pays à s'approprier les pratiques d'un peuple voisin, qui passe à bon droit pour jouir d'une solide liberté.

Partie I

La question municipale est plus compliquée qu'on ne le croit généralement en France. C'est un des plus grands défauts peut-être de notre esprit national de chercher la simplification et la symétrie à l'excès. À force de poursuivre à outrance les idées claires, nous sommes arrivés à ne savoir rien fonder ni rien tolérer. Cette logique farouche que nous portons dans toutes nos lois fait de nous le plus révolutionnaire et le plus instable de tous les peuples. La vie pratique comporte et exige bien plus de ménagements, de concessions, d'irrégularités, d'anomalies même, que ne le suppose et ne le supporte notre génie absolutiste. Nous avons la constante habitude de ne voir et de n'étudier qu'une des faces des problèmes politiques ou sociaux. Nous cherchons toujours une formule courte et précise dont notre imagination s'empare, et sur laquelle nos réflexions se concentrent. C'est ainsi que la réforme de notre organisation municipale se présente aux yeux de la plupart des Français dans les termes suivants : « les maires seront-ils élus dans toutes les communes par les conseils municipaux ? » L'on ne saurait poser d'une manière plus étroite un problème plus complexe. Cependant l'assemblée nationale est tombée dans ces vieux errements dont l'expérience eût dû lui montrer les écueils. Aussi a-t-elle fait une loi qui contient les plus étranges contradictions. Elle a d'abord décidé que les maires seraient élus par les conseils municipaux dans toutes les communes sans exception ; puis, adoptant un amendement de la dernière heure, elle a fait une dérogation pour les villes dont la population est supérieure à 20,000 âmes, ainsi que pour les chefs-lieux de département et d'arrondissement. S'est-on rendu compte de l'état de choses que l'on allait créer ? On pourrait en douter. De toutes nos lois municipales, si nombreuses et si diverses, la dernière est peut-être celle qui donnera lieu au plus grand nombre d'abus et de récriminations. C'est une préoccupation politique, non une pensée administrative, qui a guidé nos législateurs ; ils ont craint l'organisation dans nos provinces de communes analogues à celles de Paris, et l'apparition de fonctionnaires municipaux parlant au nom d'agglomérations considérables. Ont-ils réussi à prévenir ce danger ? Non certes, au contraire. Les chefs lieux de département et d'arrondissement au-dessus de 20,000 âmes sont en général des villes anciennes de petite bourgeoisie et de moyen commerce ; les opinions politiques y sont d'ordinaire modérées, et l'autorité centrale y est fortement représentée. Ce sont ces villes que l'on prive du droit d'élire leur maire, tandis qu'on le concède à toutes les villes au-dessous de 20,000 âmes, c'est-à-dire à des agglomérations pour la plupart récentes, manufacturières, presque uniquement composées d'ouvriers de fabriques ou de mines, privées de l'élément conservateur de la bourgeoisie, comme le Creusot, Rive-de-Gier, Firminy, Fourchambault, Elbeuf, Turcoing, Bolbec, Danietal, Vierzon, Laigle, Fiers, Granville, Tarare, Cette, et tant d'autres qu'il serait trop long d'énumérer. Assurément parmi ces villes il en est de paisibles ; mais combien sont les forteresses du communisme, les repaires de l'*Internationale*, les théâtres habituels de toutes les grèves sanglantes, les lieux du monde où l'antagonisme social est le plus violent ! L'on compte en France une centaine de pareilles villes dont la population s'échelonne de 10,000 à 20,000 âmes. Voilà les agglomérations auxquelles la loi de 1871 donne non pas le droit commun, mais le monopole de l'élection de leurs maires. Cependant ces magistrats municipaux ont dans ces localités de plus vastes attributions, une plus grande autorité que dans les chefs-lieux d'arrondissement, où résident un sous-préfet et un procureur national. Il y a là une étrange anomalie. Le maire sortira de l'élection dans les villes ouvrières d'Elbeuf et du Creusot ; il sera nommé par le pouvoir central dans les petites cités bourgeoises d'Yvetot et d'Autun. Dans les nombreuses et populeuses agglomérations minières du bassin de la Loire, les conseils municipaux choisiront leur chef ; seule, la ville centrale de Saint-Étienne fera exception ! On a donc créé ce privilège pour les turbulentes agglomérations ouvrières, à peine constituées et fixées au sol, ainsi qu'aux populations disséminées des campagnes. Dans les hameaux et dans les villages, dont beaucoup ont tout au plus 50 électeurs, quelquefois moins, n'est-il pas à craindre que l'esprit

Paul Leroy-Beaulieu

de coterie prenne un développement abusif ? Si les maires ruraux conservent dans leur plénitude le pouvoir réglementaire dont ils jouissent aujourd'hui, croit-on que l'élection ne donnera pas lieu à beaucoup de vexations et de tyrannies ? Il ne se passera pas un an, croyons-nous, sans que la loi récente ne soit dénoncée à la fois comme incomplète et comme excessive. C'est que, pour opérer une décentralisation sérieuse, il faudra des réformes beaucoup plus larges, capables de développer la vie dans nos communes, et de fonder dans notre pays ce qui lui a toujours manqué : le *self-government*.

Le point de départ de toute décentralisation efficace et régulière, c'est une démarcation très nette entre les attributions dévolues aux autorités locales et celles qui sont retenues par le pouvoir central ou par ses représentants. C'est la première, c'est la grande question à trancher, et c'est la seule que nos assemblées successives aient presque toujours négligée. Il ne peut y avoir cependant beaucoup d'incertitude sur la compétence naturelle et légitime des municipalités. La pratique de tous les peuples libres a depuis longtemps circonscrit le champ d'action des autorités locales en enfermant les communes dans le cercle économique et en leur interdisant toute intervention dans le domaine politique ; mais voyez les contradictions de l'esprit gouvernemental en France : tandis que tous nos gouvernements s'élèvent en théorie et se précautionnent en réalité contre les manifestations politiques émanant des corps municipaux, que font-ils eux-mêmes ? Dans chaque circonstance grave, ou même quelquefois à propos d'événements secondaires, ils sollicitent, ils accueillent et ils publient dans le *Journal officiel* les adresses politiques d'un grand nombre d'assemblées municipales. Cette flagrante violation de toutes nos lois est d'un fâcheux exemple, car, si les conseils communaux ont le droit de faire des proclamations en faveur du gouvernement, on ne peut leur refuser le droit de se prononcer avec la même solennité dans le sens contraire. Ainsi vont les choses en France ; les pouvoirs qui ont la charge de faire observer les lois, et qui ont à cette observation un intérêt permanent, sont les premiers à les violer en vue du plus petit avantage personnel et passager. Les municipalités doivent être complètement exclues de toute participation à la politique, c'est-à-dire à la direction des affaires générales du pays ; mais cela n'est pas assez : leur compétence administrative elle-même doit être déterminée avec une précision qui ne laisse place à aucun arbitraire, et ne permette aucun empiétement. Il ne s'agit pas de tracer des frontières vagues ; l'ordre public exige une démarcation rigoureuse et détaillée. L'exemple de l'Angleterre est, à ce point de vue, utile à suivre : dans aucun pays, pas même chez nous, les lois municipales n'ont été plus nombreuses depuis quarante ans ; mais, au lieu de se contredire et de s'abroger les unes les autres, elles se complètent et se superposent. Autrefois le droit de s'administrer en pleine souveraineté était réservé dans la Grande-Bretagne à un certain nombre de villes qui jouissaient traditionnellement de cet avantage ; on les appelait bourgs municipaux (*municipal boroughs*) : en 1835, époque d'une importante réforme, on en comptait 178. Les agglomérations d'origine plus nouvelle qui voulaient parvenir à cette plénitude d'indépendance devaient solliciter et obtenir du parlement un acte spécial ; c'était une charte détaillée, un véritable code, contenant dans une multitude d'articles l'énumération de toutes les attributions conférées à la localité et de toutes les mesures qu'il lui était loisible de prendre. De même un propriétaire intelligent, quand il donne son bien à bail, ne se contente pas de concéder un droit de jouissance mal déterminé ; il formule avec précision dans des clauses successives tous les modes d'exploitation qui seront licites, et il renferme dans d'infranchissables limites le droit d'usage du preneur. Par là sont prévenus bien des conflits et des abus. Cette manière de légiférer exige de fréquents remaniements, de nombreuses révisions aux lois existantes ; mais cela même n'est pas un mal. Les Anglais ont trouvé un grand avantage à ces développements successifs de leurs lois : à mesure qu'un nouveau besoin se faisait sentir, exigeait des attributions nouvelles pour les localités, le parlement se remettait à l'œuvre, et ajoutait quelques clauses nouvelles aux précédentes. C'est ainsi qu'après la grande loi municipale de 1835 on a eu en Angleterre la loi sur la police des villes (*town-police clauses act*), la loi sur les améliorations des villes (*town-improvement clauses act*) la loi sur les bains publics et les lavoirs (*public baths and wash-houses act*), puis les deux importantes lois de 1848 et de 1858, l'une sur la salubrité (*public health act*), l'autre sur l'administration locale (*local government act*). Chacune de ces lois est un véritable livre. La dernière surtout, celle de 1858, énumère d'une manière limitative toutes les mesures qui pourront être prises par les pouvoirs locaux en vue de la salubrité, du bon ordre et de la sécurité. Rien n'est en aussi complète opposition avec la pratique française. Notre paresse recule d'horreur devant tout ce travail de réglementation légale. C'est pourtant à ce seul prix que l'on peut obtenir une décentralisation efficace. Si l'on veut que les localités s'administrent elles-mêmes, il faut prendre la peine d'établir avec une précision minutieuse la limite de leurs attributions. Si l'on ne met pas la réglementation dans les lois, on devra en charger des fonctionnaires ou des corps administratifs ; alors c'en est fait de l'autonomie des localités : elles sont les vassales d'un préfet ou d'un ministre. Or il est d'un intérêt général que les localités soient souveraines dans la sphère restreinte que la nature des choses et la loi déterminent. Elles ne doivent avoir qu'un domaine circonscrit, mais encore convient-il qu'elles y soient maîtresses. Notre tutelle administrative est un non-sens, une exception isolée dans le droit et dans les constitutions des peuples modernes, et cela par une conséquence presque nécessaire de notre paresse législative ; non certes que nous fassions peu de lois, mais nous les faisons toujours trop incomplètes, et il faut sans cesse les renouveler. Tant que nous ne saurons légiférer qu'en termes généraux, nos communes et nos départements ayant des attributions mal définies, et leurs mandataires jouissant d'un pouvoir réglementaire presque illimité, il faudra l'intervention quotidienne des préfets et des ministres pour corriger les abus.

Un second principe à considérer, c'est la nécessité de deux régimes différents d'administration pour les campagnes et pour les villes. Il ne s'agit pas, hâtons-nous de le dire, de subordonner moralement les unes aux autres, ni donner à celles-ci une supériorité quelconque sur celles-là ; mais la logique des idées et l'exemple de tous les peuples nous apprennent qu'il est insensé de soumettre à une même mesure administrative les agglomérations urbaines et les paroisses rurales. Rien ne peut prévaloir contre la nature des choses. Une ville de 2 millions d'âmes, ou même de 50,000 âmes, ne peut être réduite à la même organisation, aux mêmes attributions qu'un village de 200 ou 300 habitants. L'une des principales faiblesses de notre système d'institutions locales, c'est de méconnaître cette vérité, et de faire sur ce point litière des enseignement de l'histoire, ainsi que de la pratique de toutes les nations. Nulle part en Europe, non plus qu'en Amérique, on n'a eu l'idée d'assujettir à un même régime les villes et les hameaux. Les premières ont un organisme complet et compliqué ; elles constituent des êtres arrivés à un haut état de vie, ayant une infinité de besoins et une infinité de fonctions. Les autres au contraire ne peuvent être considérées isolément comme formant des unités indépendantes ; ce sont les éléments constitutifs d'un groupe plus considérable, — le canton ou le district, — dans lequel ils se confondent pour la plupart des services administratifs, et dont ils ne peuvent être arbitrairement séparés. Toute bonne législation tient compte de ces dissemblances naturelles. Il est d'autant plus important de faire cette distinction dans notre pays, que les paroisses rurales sont plus petites et plus chétives. On l'a dit à la chambre, sans que cette assertion rencontrât de contradicteur:[1] il y a dans notre pays 433 communes ayant une population inférieure à 75 habitants ; 500 communes n'ont qu'une vingtaine d'électeurs ; 3,000 ont moins de 150 habitants ; 4,000 autres communes sont au-dessous de 250 âmes. Comment dès lors peut-on établir une parité complète dans le régime d'administration entre nos plus grandes cités et ces petits groupes ? On parle d'un droit qui leur serait commun, comme s'il n'y avait pas des uns aux autres une aussi grande distance que du plus humble ruisseau au plus grand fleuve. Il est temps de revenir sur ces assimilations contre nature. L'exemple de l'Angleterre peut encore ici nous être utile.

Dans les débats de l'assemblée nationale, on a rappelé plusieurs fois les paroisses de Londres et leurs attributions ; mais l'on n'a pas pris soin d'expliquer ce qu'étaient en Angleterre les corporations qui portent cette dénomination de *paroisses*. Ce n'est pas seulement à Londres qu'elles se rencontrent, et qu'elles jouissent de droits administratifs, c'est sur tout le territoire de la Grande-Bretagne. Elles forment les cellules embryonnaires, les éléments constitutifs des comtés, qui correspondent à nos départements, et des bourgs, qui sont les analogues de nos villes. Nées à l'ombre de l'église, elles furent d'abord des divisions ecclésiastiques, puis bientôt des divisions civiles et administratives. Elles jouissent de droits peu nombreux, très circonscrits, mais dont l'exercice n'est assujetti à

---

1 Séance du 11 avril 1871.

Paul Leroy-Beaulieu

aucun contrôle, à aucune immixtion, à aucun *veto* supérieur. La gestion de leurs biens, l'entretien de leur église, de leur cimetière, de leurs chemins, de leur éclairage, voilà à peu près leurs seules attributions. Elles n'ont aucun pouvoir de police. Quant à l'instruction publique, c'est jusqu'à ce jour en Angleterre un service privé sur lequel l'état exerce une influence indirecte au moyen de subventions.

Dans la sphère limitée que nous venons de décrire, la paroisse, soit rurale, soit urbaine, est maîtresse absolue ; l'organisation en est très simple et parfaitement en harmonie avec le petit nombre des attributions qu'on lui a concédées. Le corps souverain de la paroisse est le *vestry*, formé de tous les contribuables. Le *vestry* s'assemble toutes les fois qu'il plaît à ses membres d'en provoquer la réunion : dans ces séances, tout *vestryman* peut exposer ses vues, ses griefs, ses plaintes ; tous les intérêts de la paroisse y sont livrés à la controverse, et c'est la décision de la majorité qui fait loi. Cette petite assemblée est omnipotente, et n'exerce jamais directement son autorité, afin d'éviter les pertes de temps et les dissensions intestines ; par crainte aussi des excès de pouvoirs, elle ne la délègue pas à un seul, et il n'y a dans la paroisse anglaise aucun fonctionnaire qui corresponde à notre maire. Le *vestry* nomme des agents spéciaux pour la direction et la surveillance des divers services sur lesquels s'étend sa compétence : ce sont des marguilliers (*church-wardem*) pour le service financier du culte, un comité de sépulture (*burial-board*) pour l'administration du cimetière, des inspecteurs de routes (*waywardens*) pour la voirie, des inspecteurs de l'éclairage (*lighting surveyors*), enfin pour l'assistance publique des maîtres et des surveillants des pauvres (*guardians and overseers of the poor*). Tous ces officiers, n'étant que les mandataires de l'assemblée des contribuables, sont responsables devant elle, et lui doivent des comptes. Telle est l'autonomie de la paroisse anglaise ; mais, pour tous les autres services d'un intérêt plus général, pour la police notamment et pour la grande voirie, la paroisse se fond dans des circonscriptions supérieures, c'est-à-dire soit dans le comté ou dans un district analogue à notre canton et, appelé *union de paroisses*, soit dans le bourg municipal, suivant que la paroisse est rurale ou urbaine. Ainsi la législation anglaise, avec une louable prévoyance, a respecté tous les droits de ces petites localités, mais en se gardant de les laisser empiéter au-delà de leurs limites naturelles. Toutes les attributions qu'il importait aux paroisses rurales ou urbaines de conserver, elles les ont, et dans une complète indépendance ; en France, nous leur en aurions donné une autre, l'entretien de l'école. En dehors de cette sphère étroite et parfaitement circonscrite, la compétence des paroisses cesse, et doit cesser. La police, la grande voirie, tous ces intérêts plus généraux relèvent soit des administrations du comté ou du district, soit des conseils municipaux des villes. Ce n'est pas ici le lieu de décrire l'organisation du district (union de paroisses) ou du comté ; qu'il nous suffise de dire qu'elle est fort différente de celle des villes, que nous allons brièvement analyser. Il sera facile d'observer que les villes anglaises ont une destinée bien plus large, des institutions bien plus libres que leurs sœurs de France : c'est que nos législateurs ont commis la faute d'assimiler les agglomérations urbaines aux petites localités rurales, ce qui a conduit à un régime administratif unique au monde, renfermant toutes les contradictions, se prêtant à tous les abus, et ne produisant partout en fin de compte que l'arbitraire.

Les villes, au commencement de ce siècle, jouissaient en Angleterre de prérogatives diverses que leur avaient octroyées des chartes royales, ou que leur accordait la tradition. C'étaient seulement les cités privilégiées, sous le nom de bourgs municipaux (*municipal boroughs*), qui possédaient ces franchises. Après beaucoup de tâtonnements et de longues discussions, une loi organique du 9 septembre 1835 établit plus d'harmonie dans toutes ces administrations variées, définit 178 circonscriptions urbaines, et constitua pour elles une organisation civile régulière, qui diffère notablement de celle des paroisses rurales. L'autorité administrative, dans les bourgs municipaux, se trouve appartenir tout entière et sans réserve au conseil municipal. Cette assemblée est composée de trois éléments distincts : le maire, qui est seulement le président de la municipalité, un nombre déterminé de conseillers (*town-counsellors*) et d'*aldermen* ; ce dernier mot ne se peut traduire : il désigne, comme nous allons voir, une catégorie spéciale et élevée de magistrats communaux. Les bourgs, pour peu qu'ils soient considérables, sont divisés en plusieurs sections (*wards*) : à chacune d'elles est assigné un certain nombre de conseillers et d'*aldermen*. Les conseillers sont élus directement par les bourgeois du bourg ou de la section à laquelle ils se rattachent. L'on appelle bourgeois (*burgesses*) ceux qui satisfont à certaines conditions variables de cens et de domicile. Pour être élu conseiller, il faut justifier d'un revenu dont le chiffre croît ou descend avec la population de la ville. Les conseillers sont élus pour trois ans, et sortent chaque année par tiers. Les *aldermen* sont nommés par les conseillers pour une durée de six ans, et sortent tous les trois ans par moitié. Les conditions d'éligibilité sont pour eux les mêmes que pour les conseillers. Les *aldermen*, issus ainsi d'un suffrage à deux degrés, ne constituent pas un corps délibérant en dehors du conseil municipal ; ils en font simplement partie, n'ayant sur leurs collègues qu'une préséance honorifique et l'avantage de la plus longue durée de leur charge : ils constituent un élément modérateur sans avoir rien de distinct ou de spécial dans leurs attributions. Le maire (*mayor*) est élu pour un an seulement par la réunion du conseil municipal. Ces trois éléments, procédant tous de l'élection, mais d'après différents modes, constituent l'administration collective et omnipotente du bourg. Le conseil municipal, ainsi formé, n'est pas seulement une assemblée délibérante : l'action et l'exécution lui appartiennent en propre ; le maire n'est qu'un président sans pouvoirs spéciaux. Il est assez ordinaire que les conseils municipaux en Angleterre aient un grand nombre de membres ; mais, pour que la marche des affaires puisse être expéditive, c'est une coutume universelle que le conseil municipal se divise en plusieurs comités voués chacun à une spécialité. Les pouvoirs de ces comités spéciaux sont fort étendus ; ils ont une délégation du conseil à l'effet de diriger la branche de service dont ils sont chargés. En général, ils agissent seuls avec une autorité entière, sous la réserve de rendre compte de leurs opérations au conseil municipal. C'est ainsi que le conseil de Manchester, composé d'un maire, de 16 *aldermen* et de 48 conseillers, se subdivise en 21 comités, qui exercent dans le cercle de leurs attributions respectives tous les pouvoirs que possède le conseil municipal même, sous la réserve de lui rendre périodiquement compte de leurs actes. Il résulte de cette organisation que les conseils municipaux ne tiennent chaque année qu'un très petit nombre de réunions générales. Les comités spéciaux au contraire se réunissent souvent. Le maire est meiubre de droit de chacun d'eux. Ces comités sont rééligibles tous les ans. Le conseil municipal tient annuellement quatre sessions ordinaires, dont l'époque est fixée par la loi : il peut toujours être tenu des sessions extraordinaires soit sur la convocation du maire, soit sur la demande de cinq membres, alors même que le maire serait d'un avis opposé. Les charges de *mayor*, d'*alderman* ou de *town-counsellor* ne sont pas seulement gratuites, elles sont obligatoires ; l'on ne peut s'y soustraire qu'en payant une amende qui monte jusqu'à 100 livres sterling (2,500 francs). Il est d'usage dans certaines grandes villes d'accorder au maire tantôt des frais de représentation en numéraire, tantôt des voitures et des chevaux, sans que ces allocations spéciales fassent disparaître le caractère de gratuité attaché à la fonction. Une grande administration ne peut uniquement reposer sur des fonctionnaires gratuits ; aussi dans les bourgs un peu considérables trouve-t-on, à côté ou plutôt au-dessous des membres du conseil municipal, des agens nommés *clerks* (commis) chargés de la préparation des affaires et de l'expédition de la besogne courante. Ce sont là de simples employés sans autorité propre, mais qui ne laissent pas que d'avoir parfois une importante position et une grande influence. Suivant l'habile pratique des intelligentes maisons de commerce, ces commis sont peu nombreux, et ils sont richement rémunérés. Rien ne ressemble moins à notre bureaucratie. L'expédition des affaires à une rapidité vraiment commerciale. Les principaux de ces agents sont le secrétaire municipal (*town-clerk*) et le trésorier. Le secrétaire centralise dans sa main tous les services. Il a un salaire qui, dans les grandes villes, égale presque celui des ministres de la plupart des états du continent. À Manchester, le secrétaire municipal jouit d'un traitement de 1,500 livres sterling (37,500 francs), le secrétaire-adjoint a 400 livres (10,000 francs), et le trésorier 500 livres (12,500 fr.). La ville de Liverpool est plus généreuse encore : elle donne 2,500 livres, soit 62,500 francs, à son secrétaire municipal ; le même fonctionnaire touche 33,850 francs à Liverpool (1,350 liv. st.). Ces agens si bien rétribués ne sont cependant que des subalternes ; ils sont nommés, comme tous les employés, par le conseil municipal. Malgré leurs appointements, ce ne sont pas des personnages faisant grande figure ; ils n'ont que le rôle de commis dont la ville a le droit d'attendre et dont elle exige beaucoup de capacité, d'exactitude et une prodigieuse activité. Outre les membres du conseil municipal, les électeurs nomment encore deux sortes de fonctionnaires, les *assessors* (assesseurs), qui ont pour mission d'assister le maire pour la révision des listes et pour tout ce qui concerne les opérations électorales, puis les *auditors* (auditeurs), qui sont chargés de la révision des comptes municipaux. Telle est l'organisation des municipalités anglaises en vertu de la loi de 1835. Les bourgs (*boroughs*) constituent des unités complètement indépendantes et ne relevant que d'elles-mêmes. Le pouvoir central n'a auprès des bourgs aucun fonctionnaire ayant droit de tutelle ou de surveillance. Le conseil municipal, issu de l'élection, est, sauf quelques réserves très peu nombreuses, complètement omnipotent. Il est à la fois assemblée délibérante et corps exécutif ; il n'a pas à demander à l'autorité supérieure d'homologuer ses actes ou d'approuver ses délibérations. Il nomme lui-même tous ses agents, il délègue ses pouvoirs pour les différents services aux comités spéciaux pris dans son sein, lesquels sont aussi dans la sphère de leurs attributions des corps exécutifs. Rien n'est plus dans l'esprit de la vraie démocratie que cette organisation du bourg municipal anglais. Le maire, nommé pour un an par les conseillers, qui eux-mêmes sont élus pour trois ans par les citoyens, n'a point d'initiative spéciale ni d'autorité propre ; il n'est que le président du conseil, *primus inter pares*. Est-il besoin de dire qu'en aucun cas le gouvernement n'a le droit de révoquer ou de suspendre le maire, non plus que celui de dissoudre le conseil municipal ?

Combien sont différentes les conditions de nos villes françaises, même après la loi de 1871 ! Réunies sous beaucoup de rapports au département, qui les absorbe, dotées d'un conseil municipal dont les attributions sont purement délibératives, dont les résolutions peuvent presque toujours être infirmées par l'autorité préfectorale, ayant à leur tête un magistrat qui, dans toutes les villes importantes, est choisi par le gouvernement, et qui exerce un pouvoir presque illimité, peut-on dire qu'elles jouissent du *self-government*, à moins d'ignorer complètement la signification des mots ? Il y a encore plus de distance entre la situation actuelle des villes françaises et celle des villes anglaises qu'il n'y en avait après le coup d'état de 1852 entre le gouvernement impérial et le gouvernement de la reine Victoria.

Mais ce sont les villes privilégiées, nous dira-t-on, qui jouissent en Angleterre du régime que nous venons de décrire. C'est une erreur de le croire. Outre que les villes qui ont bénéficié de l'acte législatif de 1835 sont au nombre de 178, toutes les agglomérations urbaines, ayant une importance même minime, sont actuellement administrées d'une manière analogue, grâce aux deux grandes lois de 1848 et de 1858. À côté des vieilles cités qui étaient parvenues à une complète autonomie se trouvaient en Angleterre une multitude de villes, la plupart d'origine plus nouvelle, mais dont beaucoup étaient riches et populeuses. Ces populations agglomérées, qui n'étaient pas constituées en bourgs municipaux (*boroughs*), ne se trouvaient point dépourvues cependant des avantages résultant d'une entente pour les services d'intérêt commun, le nivellement, le pavage, l'éclairage, le nettoyage des rues, et beaucoup d'autres services collectifs résultant du seul fait de la contiguïté des maisons. Les paroisses ainsi rapprochées avaient fini par se concerter pour assurer à la localité la plus grande partie des avantages que les chartes avaient accordés aux bourgs municipaux. Il s'était formé dans ces différentes *communautés d'habitants*, pour nous servir d'une expression du vieux droit, des usages locaux remplissant l'office des lois qui n'existaient pas, et, en l'absence de constitutions écrites, il s'était produit une sorte d'organisation naturelle et traditionnelle ; mais cette situation mal définie ne laissait pas que de présenter des inconvénients graves. En effet, ces usages locaux semblaient autoriser les résistances individuelles ; d'un autre côté, ils offraient des variétés qui répugnent à l'harmonie unitaire de la civilisation moderne. Les lois importantes de 1848 et de 1858 amenèrent un ordre de choses plus légal. Il nous est impossible d'entrer ici dans le détail de ces réformes. Les pouvoirs qui appartiennent au conseil municipal dans les *boroughs* sont dévolus, dans les localités régies par l'acte de 1858, à des *commissions locales* qu'élisent les contribuables. Il n'y a guère au fond qu'une différence purement nominale entre les bourgs et les autres localités urbaines. C'est le même organisme fondamental, c'est le même esprit vivifiant que l'on rencontre dans les uns et les autres. Les attributions dévolues à la commission locale, équivalent du conseil municipal, sont très multiples, mais très nettement précisées ; elles embrassent tous les services importants, l'éclairage public, l'administration et la police de la voirie, les jardins, les parcs, les voitures, les établissements

Paul Leroy-Beaulieu

publics, l'approvisionnement des eaux, le service et la police des incendies, la police des constructions et de la salubrité, les horloges, bains et lavoirs, les cimetières et les marchés. Telles sont les vraies matières municipales ; sur ce terrain, les commissions locales sont souveraines. Ainsi toutes les agglomérations urbaines en Angleterre jouissent sans distinction, à l'heure actuelle, de cette autonomie précieuse et féconde, de ce droit imprescriptible d'administrer elles-mêmes et elles seules leurs intérêts particuliers.

Une pareille législation se pourrait-elle introduire et acclimater en France ? Elle offre, nous l'avons vu, deux caractères principaux : d'un côté, les villes ont un régime plus large que les paroisses rurales ; d'un autre côté, les administrations sont collectives. Le maire, là où il existe, n'a pas de pouvoirs propres et spéciaux, il n'est que le président de la municipalité ; c'est à celle-ci, prise dans son ensemble, qu'appartient le droit de faire des règlements et de prendre des arrêtés. Ces deux conditions sont essentielles à la pratique du *self-govermnent*. Si l'on veut assimiler les villes aux hameaux, l'on est conduit à restreindre les franchises urbaines de manière à les rendre presque illusoires ; si l'on conserve aux mains du maire le pouvoir réglementaire dans sa plénitude, on crée dans les communes de petites tyrannies, des dictatures dont l'existence est incompatible avec les principes du gouvernement représentatif. Notre histoire nationale et les précédents de notre législation prouvent que le système anglais pourrait parfaitement prendre racine en France. Il suffirait de rétablir dans ses traits principaux une organisation qui a fonctionné chez nous pendant plusieurs années, et qui n'a été supprimée que par un coup d'état funeste, par une usurpation despotique. Sous l'ancien régime, on distinguait avec raison les agglomérations urbaines, ayant le titre et les droits de *commune* des simples *communautés d'habitants*. Les lois de décembre 1789 et de janvier 1790 eurent le tort d'assimiler les unes et les autres, et de les soumettre à des modes d'administration à peu près identiques. La constitution du 5 fructidor an III, qui subsista jusqu'au consulat, remit en honneur les vrais principes, et plaça les localités sous un régime plus naturel à la fois et plus salutaire. C'est vers ce système, logique et bienfaisant, que se reportent aujourd'hui les regards des hommes qui désirent voir se réaliser une décentralisation sérieuse. Le grand mérite de la constitution de l'an III, au point de vue des institutions locales, c'était de donner aux villes et aux campagnes une organisation distincte, à l'exemple de ce qui se pratique chez tous les peuples civilisés. L'on avait fixé au chiffre de 5,000 habitants le point de démarcation entre les agglomérations urbaines et les populations rurales. Au-dessous de 5,000 habitants, les localités étaient confondues dans le canton pour tous les services administratifs. Elles élisaient seulement un *agent municipal* et un adjoint, qui se réunissaient au chef-lieu du canton avec les agents des autres communes, pour constituer une assemblée chargée de délibérer sur toutes les affaires intéressant le tout ou les parties de la *municipalité cantonale.* Ainsi l'action administrative restait à la commune ; mais la délibération appartenait au canton, qui constituait la véritable unité, l'arrondissement n'existant plus. Dans les communes ayant une population de 5,000 à 100,000 habitants, il devait y avoir une administration unique, composée d'un nombre de membres qui variait, suivant le chiffre de la population, d'un minimum de 5 à un maximum de 9. Dans les communes au-dessus de 100,000 habitants, il était institué trois administrations municipales de 7 membres chacune, reliées entre elles par un *bureau central* de 3 membres, lesquels étaient nommés par le gouvernement, tandis que les membres des administrations municipales étaient électifs. Ce système avait sans doute des défauts ; mais il avait de grands avantages, dont le principal était de rétablir la distinction naturelle entre les agglomérations urbaines et les circonscriptions rurales. Tel qu'il était, il fonctionna pendant cinq ans, et, s'il vint à périr, ce n'a pas été en considération des inconvénients administratifs qu'il entraînait, c'est par le changement de constitution du pays, c'est par l'avènement du premier consul, bientôt empereur, c'est par le parti-pris de détruire tous les élémens du *self-government*. Il ne faut pas l'oublier, c'est au pouvoir despotique qu'ont été sacrifiées les institutions locales de la constitution de l'an III : le jour où elles disparurent, on vit disparaître en même temps la liberté politique, l'administration du pays par le pays, toutes les franchises, toutes les garanties contre l'esprit d'aventures et le pouvoir personnel. Aussi, lorsque le gouvernement de juillet essaya de restaurer la vie municipale éteinte, c'est au régime local de l'an III qu'il eût dû revenir. Malheureusement les vieux préjugés dominaient encore,

Paul Leroy-Beaulieu

la tradition napoléonienne avait de nombreux admirateurs ; on respecta dans leur ensemble les institutions locales du consulat, et on fonda l'ordre de choses qui subsiste aujourd'hui, et qui est assurément l'une des plus grandes causes de notre torpeur, de notre faiblesse, de notre impuissance. L'on paraît résolu, dans le pays et dans la chambre, à des réformes plus profondes, et cette fois l'on n'innovera pas au hasard ; on prendra certainement exemple de l'organisation anglaise et du régime qui fonctionnait encore en France à l'avènement du consulat, précurseur de l'empire. Ce n'est pas qu'il faille rétablir dans tous les détails le système local de la constitution de l'an III. Un peuple ne reprend jamais sans les amender des institutions disparues depuis soixante-dix ans ; mais le principe est excellent. Les communes rurales doivent être fondues dans le canton pour tous les intérêts un peu généraux, la police notamment et les travaux de grande voirie. Ce serait toutefois une erreur, croyons-nous, que de leur enlever toute individualité : elles doivent rester maîtresses de leur église, de leur cimetière, de leur école, des chemins vicinaux qui ne sont ni de grande communication, ni d'intérêt commun ; à plus forte raison doivent-elles administrer elles-mêmes leurs biens. Elles seront ainsi ramenées sans effort dans le cercle restreint où se meuvent avec indépendance les paroisses rurales de l'Angleterre. L'assemblée cantonale aurait toutes les autres attributions, et surtout le pouvoir réglementaire en matière de police. L'on ne craindrait plus dans les villages la capricieuse autorité des maires, souvent peu éclairés, très passionnés, et dégénérant quelquefois en vrais despotes. Les libertés locales n'y perdraient rien ; elles y gagneraient même : l'autonomie serait d'autant plus absolue que les assemblées seraient plus compétentes et plus impartiales, que les attributions seraient plus précises et mieux réparties. Il n'y a pas lieu d'insister pour le moment sur le mécanisme de cette organisation cantonale : ce sont les agglomérations urbaines qui forment l'objet de cette étude.

La loi de 1867 sur les conseils municipaux, malgré d'heureuses réformes de détail, est restée dans la vieille ornière dont il faut à tout prix sortir. Elle a porté à sept années la durée des fonctions de conseiller communal. C'est évidemment excessif. L'opinion presque unanime des meilleurs esprits est que des assemblées is-sues de l'élection doivent s'y retremper souvent. Sans doute il ne faut pas abuser du suffrage universel et en défendre les ressorts par un trop fréquent usage ; mais il y a une logique pour les institutions comme pour les choses, et l'on ne peut impunément la violer. Les Anglais, avec grand sens, n'assignent qu'une durée de trois ans au mandat de conseiller municipal : le mandat de membre du parlement a cours pendant un temps beaucoup plus long. Nos voisins ont pensé qu'il y avait lieu dans les affaires d'intérêt local à une intervention plus fréquente des électeurs. Il y avait encore une autre raison. De l'autre côté de la Manche, on admet sagement que le pouvoir central a le droit de dissoudre le parlement ; on ne reconnaît au contraire à aucune autorité le pouvoir de suspendre, de dissoudre ou de remplacer les assemblées locales. Elles doivent toujours atteindre le terme légal de leur vie : elles ne sont pas exposées à une mort subite ou violente. S'il en était autrement, il n'y aurait plus d'autonomie pour les localités. En effet, qui aurait le droit de suspendre ou de dissoudre un conseil municipal ? Ce n'est point le maire, car il a la même origine, il exprime les mêmes influences et le même esprit, et ce serait une extension déraisonnable des attributions de ce magistrat, qui n'est en Angleterre que le président annuel du conseil municipal. Ce n'est pas non plus l'autorité centrale ou l'un de ses agens, car dès lors les localités ne seraient plus indépendantes dans la sphère légale de leurs attributions ; elles seraient les vassales des fonctionnaires gouvernementaux. Les Anglais ont évité tous ces écueils. Les conseils des villes ne peuvent en aucun cas être suspendus ou dissous ; mais les conseillers ne sont élus que pour trois ans, et ils sortent chaque année par tiers. Ce renouvellement partiel et annuel est une des pièces fondamentales du système : le conseil ne peut s'isoler de la population et s'abandonnera l'esprit de coterie ; toutes les résolutions graves sont inspirées ou critiquées à temps par le vote des électeurs. C'est à de pareilles conditions qu'une assemblée locale peut être indépendante de l'autorité centrale. Une des questions les plus importantes que soulève tout projet de réforme des institutions locales, c'est la question de l'électorat et de l'éligibilité. Nous avons en France le suffrage universel, et le principe en est devenu si puissant, les racines en sont déjà si profondes, que tout essai pour l'enlever au pays n'aboutirait qu'à des catastrophes nouvelles. Il est d'autant plus impossible d'écarter ou de limiter dans la matière qui nous occupe le suffrage universel, qu'une des principales ressources de nos villes est un impôt de consommation, l'octroi. Les Anglais, dont les taxes locales ne pèsent que sur la propriété foncière, sont moins liés à cet égard. Toutefois, s'il est dangereux de manifester envers le suffrage universel la moindre défiance, on peut, sans y porter atteinte et dans son intérêt même, subordonner à certaines conditions le droit de participer aux élections municipales. Nos villes sont encombrées d'une population flottante, nomade, aventureuse, et la prudence commande de ne point abandonner à cette catégorie de personnes l'administration de nos cités. Il y aurait danger cependant à se montrer trop rigoureux sur la durée du stage nécessaire pour l'obtention du droit électoral. Dans la commune, un an de domicile nous paraît être ce que l'on peut raisonnablement exiger : aller plus loin, ce serait montrer un parti-pris d'exclusion envers toute une classe de citoyens, ce serait retomber dans l'arbitraire, et tôt ou tard on aurait à réprimer des révoltes. Les conditions de l'éligibilité nous semblent autant que possible devoir se rapprocher de celles de l'électorat.

Sortant ainsi du suffrage universel sans restriction, nommé pour une période de trois ans, rééligible annuellement par tiers, le conseil municipal, dans la sphère des attributions que la loi concède aux localités, devient l'administrateur unique de la cité. Il importe notamment que la situation du maire soit changée. Aujourd'hui le gouvernement représentatif n'existe réellement pas dans nos villes. Le premier magistrat municipal a des pouvoirs beaucoup trop étendus et surtout trop personnels. En fait, et même en droit, à certains points de vue du moins, c'est un maître absolu, puisqu'il peut prendre des arrêtés sans consulter l'assemblée municipale. Grâce à notre législation, le maire est un personnage prédominant dont la volonté prévaut souvent sur celle du conseil. La loi de 1867, en définissant neuf cas où la municipalité peut prendre des délibérations réglementaires, c'est-à-dire exécutoires par elles-mêmes, ne dit-elle pas : « en cas de désaccord entre le maire et le conseil municipal, la délibération ne sera exécutoire qu'après l'approbation du préfet ? » Ainsi le premier magistrat communal, à lui seul, peut faire échec au conseil tout entier. Il en résulte que le maire porte d'ordinaire tout le fardeau de l'administration de la cité. Nulle situation ne saurait être plus opposée aux principes du *self-government*. C'est à tort que l'on invoquerait au sujet des localités les règles fameuses de la séparation des pouvoirs, et que l'on voudrait distinguer dans chaque ville l'exécutif et l'assemblée délibérante. Ces deux parties de l'autorité, la délibération et l'action, qu'il peut être utile de séparer sur un très vaste théâtre, doivent dans la sphère étroite des intérêts communaux être réunies et confiées aux mêmes mains, sous peine de complications nombreuses et de grands abus de pouvoirs. En France, comme en Angleterre, le conseil municipal doit donc administrer réellement et exécuter par lui-même ses propres délibérations. À cet effet, il est bon qu'il soit divisé en plusieurs comités ayant chacun sa compétence, dirigeant chacun une branche spéciale de service. De la sorte, on intéressera vivement les populations aux affaires de la cité, on répartira d'une manière équitable les responsabilités et les charges, on développera la vie et l'initiative locales. Dans ce système, le maire n'est que le président du conseil, par lequel il doit être élu chaque année. Son rôle se trouve réduit à de moindres proportions ; le pouvoir personnel disparaît de la commune. Il est à souhaiter que cette réforme ne soit pas retardée, ou les maires capables et dévoués viendront bientôt à manquer. Déjà l'on trouve peu de personnes qui veuillent accepter cette besogne aussi accablante qu'ingrate. Condamnés à un travail obscur et sans rémunération, destinés presque tous à devenir dans un bref délai impopulaires, ces magistrats, dans les villes surtout, se recrutent aujourd'hui difficilement ; on pourrait même dire que, sans la perspective de récompenses honorifiques, il serait presque impossible de rencontrer un citoyen considérable qui consentît à être maire d'une ville importante. Il n'en serait pas ainsi pour un simple président du conseil municipal : le travail et la responsabilité seraient mieux divisés ; il y aurait moins à craindre cette impopularité qui s'attache fatalement au pouvoir personnel même le plus honnête et le plus consciencieux. Tant que les attributions du maire ne seront pas notablement réduites, et que l'on n'aura pas restitué aux conseils municipaux les fonctions exécutives, nous serons loin d'une décentralisation efficace. Il est à peine besoin de dire que les comités spéciaux, formés dans le sein du conseil municipal pour l'expédition des affaires, devraient être permanents, comme en Angleterre. Le conseil entier pourrait n'avoir que quatre sessions ordinaires déterminées par la loi ; mais il pourrait toujours se réunir en sessions extraordinaires sur la demande de la moitié des conseillers. Ajoutons que ni le maire, ni le conseil ne pourraient en aucun cas être révoqués, suspendus, dissous par l'autorité centrale.

Voilà des réformes bien radicales, va-t-on nous dire, et difficiles à opérer dans un moment où le pays semble en dissolution. Sans doute ces réformes sont radicales ; mais l'on ne compte point apparemment s'arrêter à de chétives améliorations de détail. Croit-on qu'une nation traverse une semblable crise sans que sa constitution en soit promptement ébranlée, et sans que sa manière de vivre, son régime, son hygiène, doivent être complètement modifiés ? Ce sont les événements qui nous imposent, non pas comme un devoir, mais comme une nécessité, une transformation totale. À deux pas de l'abîme, chacun sent que nous ne pouvons poursuivre le même chemin ; il nous faut revenir en arrière et prendre une route opposée. Partout en France, la vie, la pensée, l'activité, sont sur le point de manquer ; à force de ne pas servir, tous les organes locaux sont presque frappés de paralysie, et cette insensibilité de tous les membres du corps social menace de s'étendre et de livrer la patrie inerte à tous les ennemis du dehors et du dedans. Or, si l'on veut rétablir la vie, il n'y a pas deux méthodes, il n'y en a qu'une, l'exercice régulier de tous les organes. Qu'il nous en coûte quelques efforts, quelques sensations douloureuses au début, qui en doute ? Il est pénible de secouer une immobilité invétérée. Il serait assurément plus commode d'attendre qu'un sauveur nous tombât des nues, et daignât nous prendre sous sa tutelle, quitte à nous précipiter au bout de quelques années dans un abîme encore plus profond et plus infranchissable. L'on ne peut restaurer les institutions libres sans restituer aux localités leur complète autonomie, sans leur donner des administrations collectives. Il n'y a pour nous aucun doute sur ce point. Depuis longtemps, tous les esprits éclairés de France, et avec une surprenante unanimité tous les publicistes, tous les hommes d'état d'Europe, ont décrit le mal dont nous souffrons et en ont prédit les suites. Notre excessive et inhabile centralisation administrative, voilà le mauvais régime qui nous ronge, et que nous devons guérir avant qu'il devienne irrémédiable. Il n'est pas besoin d'inventer un nouveau système ; il y en a un tout fait, qui fonctionne à côté de nous depuis des siècles, le système anglais ; c'est celui-là que nous voudrions voir établir en France, et cela se pourrait d'autant plus aisément que pendant plusieurs années une organisation locale assez analogue, celle de la constitution de l'an III, a heureusement fonctionné chez nous ; elle y fonctionnerait encore, je le répète, sans l'attentat de Napoléon, qui a voulu balayer de notre sol tous les obstacles au despotisme, et qui n'y a que trop réussi.

Pour justifier les vices les plus nuisibles de notre organisation locale, on ne manque pas d'argument spécieux, auxquels se laissent prendre non-seulement le vulgaire, mais nombre de juristes et de logiciens. Comment admettre, dit-on, que les villes puissent jouir d'une complète autonomie dans la sphère de leurs intérêts municipaux ? Ce serait le gaspillage administratif et la dissolution de notre unité politique. Après la période de vingt ans que nous venons de traverser, l'on est vraiment mal venu à prétendre que la tutelle du pouvoir central soit une garantie sérieuse d'économie pour les localités et pour les contribuables. Dans quel pays au monde, jouissant du *self-government* le plus illimité, a-t-on vu un aussi scandaleux débordement de dépenses inutiles et luxueuses que dans nos villes et dans nos provinces les plus modestes ? Est-ce que les cités et les comtés d'Angleterre ou d'Amérique ont jamais subi une semblable extension de leurs dettes et de leurs charges ? Cette nuée de fonctionnaires imprévoyants que tous les gouvernements successifs envoient sous les noms divers de sous-préfets, secrétaires-généraux, conseillers de préfecture, régir nos localités urbaines et rurales, sont par leur origine, par leur éducation et leur manière de vivre, les hommes du monde les plus impropres au métier de protecteurs des deniers des communes. Le moindre paysan et le moindre bourgeois ont des idées bien plus sérieuses et bien plus nettes de comptabilité ou d'économie. Si l'on entend tenir toujours nos villes en curatelle, il faut au moins leur donner d'autres conseils judiciaires que ces administrateurs inexpérimentés ou indifférons. Ne nous trompons point d'ailleurs sur le sens et l'extension de cette « autonomie » communale que tous les bons esprits réclament. Pour qu'une liberté soit efficace, il suffit qu'elle soit nettement délimitée. Les municipalités ne doivent pas dépendre des fonctionnaires du pouvoir central, ayant mission de les surveiller et de les contenir arbitrairement ; mais elles

Paul Leroy-Beaulieu

doivent être assujetties à des lois minutieuses qui circonscrivent avec rigueur le cercle où elles se peuvent mouvoir, qui mettent des bornes à leurs écarts possibles, en limitant notamment leur pouvoir d'emprunter, de vendre et de taxer les contribuables. Ce sont là d'ailleurs des questions d'attributions que nous ne pouvons qu'effleurer dans cette étude. L'unité politique n'a rien à craindre de l'indépendance des localités, si l'on sait et si l'on veut borner cette indépendance aux matières d'intérêt local. La démarcation est aisée à faire. L'ordre judiciaire par exemple, à aucun de ses degrés, ne doit relever des pouvoirs locaux. Il en est de même de la force publique. La garde nationale également est une institution qui doit disparaître. Des milices bourgeoises, subordonnées aux magistrats de la cité, sont en complète contradiction avec les principes de la société moderne. Ce sont des restes d'organisation féodale qui nous ramèneraient bientôt à l'état anarchique du moyen âge. Le nom même qui a été donné jusqu'ici à ces milices citoyennes est une sorte de protestation anticipée contre le rôle exclusivement local qu'on a voulu leur attribuer : toute force nationale en effet doit appartenir à l'ensemble de la nation, et dépendre uniquement du pouvoir central. L'abolition irrévocable de la garde nationale, c'est donc une mesure exigée non-seulement par l'état actuel des esprits, mais par la logique des institutions. Même au point de vue doctrinal, il n'y a point d'hésitation possible. Si l'on persiste à revendiquer l'existence d'une force armée dont le commandement appartiendrait aux magistrats communaux, l'on renonce par cela même à revendiquer pour la municipalité le droit d'élire ces magistrats. De deux choses l'une : les maires et agents municipaux sortiront de l'élection dans toutes les villes, et la garde nationale sera supprimée ; ou bien la garde nationale sera maintenue, et le gouvernement nommera les maires, ainsi que tous les agents municipaux. C'est là une alternative rigoureuse : il est impossible de trouver un moyen terme. Pour nous, l'élection des maires emporte avec soi la suppression de la garde nationale. Dans aucun pays ayant de vigoureuses institutions locales, on ne rencontre de force analogue ; les milices anglaises ont une autre organisation et un autre caractère ; elles dépendent d'ailleurs de personnages nommés par la reine ou par ses représentants. Mais comment voulez-vous, reprend-on, que les maires soient élus par les conseils municipaux, puisqu'ils sont souvent les agents du pouvoir central ? Ne sont-ils pas en effet officiers de l'état civil et officiers de police judiciaire ? La réponse est facile. On peut sans inconvénient enlever aux maires leurs fonctions de police judiciaire. Avec l'organisation des circonscriptions cantonales, on aura les commissaires de police, les juges de paix, — dans les villes, les procureurs et substituts, à qui l'on pourra confier cette branche d'attributions, et sous l'autorité desquels l'on pourrait ramener les gardes champêtres. Le service y gagnera sans doute en régularité, quelquefois même en impartialité. Les maires seront ramenés à leur unique tâche, la gestion des intérêts économiques de la cité. On leur laisserait cependant les registres de l'état civil. Pour remplir cette tâche, peu importe leur origine et leurs opinions. Nous ne proposerons pas ici l'exemple de l'Angleterre, qui confie à des fonctionnaires spéciaux appelés *registrars* (enregistreurs) le soin de recevoir et de centraliser les actes de l'état civil. Ce système présente de sérieux avantages ; mais il déconcerterait nos habitudes, et conduirait à des frais inutiles. Il restera encore aux maires certaines menues attributions qui sembleraient devoir les placer sous la dépendance du pouvoir central. C'est ainsi que ces magistrats municipaux sont chargés de tout ce qui concerne la publication des lois et règlement ; ils doivent procéder à la révision des listes électorales, dresser le tableau de recensement pour la conscription, et en général accomplir toutes les obligations qui leur sont imposées par différentes dispositions éparses dans plusieurs lois. Y aurait-il nécessité et facilité à enlever aux maires élus ces attributions, qu'ils remplissent en tant que *délégués du pouvoir central ?* On ne voit pas pourquoi elles ne leur seraient pas conservées. Il est impossible qu'il n'y ait pas des rapports fréquents et des obligations mutuelles entre les représentants du pouvoir central et les autorités locales ; mais cela peut se concilier avec l'indépendance des uns et des autres. Il n'est nullement indispensable que le pouvoir central soit armé contre les maires du droit de révocation pour leur laisser ces petites attributions. L'article 15 de la loi du 18 juillet 1837 donne au gouvernement les moyens de se prémunir efficacement contre les inexactitudes ou les infidélités des maires en pareille matière. « Dans le cas, dit cet article, où le maire refuserait ou négligerait de faire un des actes qui lui sont prescrits par la loi, le préfet, après l'en avoir requis, pourra y procéder d'office par lui-même, ou par un délégué spécial. » Cette mesure suffit et rend inutile le droit de révocation, qui est d'ailleurs illogique. Il est à peine besoin de dire que les frais nécessités par cette intervention supérieure seraient à la charge de la commune, qui pourrait, selon l'appréciation des tribunaux, les répéter contre le maire. Or, dans notre système, le maire n'étant élu que pour un an, comme en Angleterre, il est probable qu'en cas de faute pareille le conseil municipal ne le maintiendrait pas en fonctions. L'on voit avec quelle promptitude tombent les objections spécieuses que certains de nos juristes élèvent contre le *self-government.*

Toutes les villes doivent-elles avoir une organisation aussi simple que celle qu'on vient de décrire ? N'y a-t-il pas pour les immenses agglomérations qu'a créées notre civilisation moderne des conditions spéciales d'administration recommandées par l'expérience ? La constitution de l'an III, nous l'avons vu, avait donné un régime particulier aux cités de 100,000 habitants et au-dessus ; on divisait chacune d'elles en plusieurs municipalités distinctes, reliées par un bureau central à la nomination du gouvernement. Cette solution est trop artificielle, et n'offre aucune garantie de succès. Sauf les villes de Lyon et de Paris, l'opinion la plus générale est que toutes les agglomérations urbaines doivent avoir une organisation strictement uniforme, et qu'on ne saurait d'une grande ville faire une juxtaposition de tronçons isolés. Il est cependant une mesure qui nous semble complètement nécessaire, et qui, à vrai dire, n'est pas une dérogation au principe que nous venons de poser. Il serait à désirer que toute ville au-dessus de 50,000 habitants fût obligatoirement partagée en circonscriptions fixes, ayant pour bases la population sans doute, mais plus encore les origines, les traditions, les affinités d'esprit et d'habitudes ; chacune de ces circonscriptions nommerait, en raison du chiffre de ses habitants, un certain nombre de membres au conseil municipal. Il importerait d'éviter les remaniements fréquents et arbitraires de ces divisions, qui seraient moins des sections électorales que des quartiers ayant chacun un caractère particulier. Il ne faut pas s'y tromper : pour développer la vie municipale dans un grand centre, l'on ne peut se contenter de faire nommer 30 ou 40 conseillers au scrutin de liste ; il faut à une bonne organisation locale des racines bien plus nombreuses, bien plus ramifiées. Que deviendrait le corps humain, s'il n'avait pour la circulation du sang que l'artère aorte et les carotides ? La vie serait languissante, si elle n'était même impossible : ce sont les vaisseaux capillaires qui vont se ramifier dans tous les membres et nourrir chaque organe ; ce sont eux qui assurent la vie régulière, saine et productive. Il en est des corporations morales comme des êtres organisés : si l'on veut qu'une ville importante ait une vie municipale qui ne soit pas factice, il faut donner à chaque quartier le moyen de se faire jour, de s'affirmer, de se développer ; c'est un tort que de vouloir supprimer ces divisions naturelles et élémentaires. Heureuse l'Angleterre avec toutes ses paroisses dont chacune à une existence propre !

Partie II

Nous voici amenés à l'organisation de la ville de Paris, à laquelle nous joignons, comme d'usage, la ville de Lyon. À lire les discussions récentes, il semblerait que l'administration de ces vastes cités soit un problème insoluble, comme la quadrature du cercle. Ne nous laissons pas trop effrayer par des difficultés qui de loin ont l'apparence de montagnes, et qui s'aplanissent sensiblement quand on consent à les aborder avec résolution. Suivant la marche que nous avons suivie jusqu'ici, faisons précéder le précepte par l'exemple, et demandons franchement à l'Angleterre comment s'administre la ville de Londres. Beaucoup d'allusions ont été faites par divers orateurs de l'assemblée nationale au régime municipal de cette ville énorme, qui du reste, ainsi que toutes les grandes villes d'Europe et d'Amérique, a été l'objet d'une étude très approfondie et justement remarquée dans cette *Revue*.[1] Cependant, avec quelque autorité que la question ait été traitée par M. Cochin, il nous sera permis d'y revenir ; les événements nous y obligent en donnant à la question un intérêt plus immédiat pour nous, et nous ne saurions jamais mieux qu'aujourd'hui en tirer un profit réel.

Cette vaste agglomération de 3 millions d'habitants qui constitue Londres et sa banlieue, ou, pour parler le langage de la loi anglaise,

1 Voyez, dans la *Revue* du 1ᵉʳ juin 1870, *le Régime municipal des grandes villes*, par M. Augustin Cochin. — Voyez aussi, dans la *Revue* du 1ᵉʳ janvier 1871, une excellente étude du même auteur sur *Paris politique et municipal*.

le *district métropolitain*, n'est pas soumise à un régime uniforme. Ce n'est pas là un organisme unique, c'est la juxtaposition, ou plutôt la coordination d'éléments divers, ayant à la fois une vie particulière et une vie commune, c'est-à-dire que chacun conserve une constitution individuelle et un régime propre, en même temps que tous s'unissent les uns aux autres pour quelques services d'intérêt général et d'utilité publique. Le district métropolitain est situé sur les quatre comtés de Middlesex, Surrey, Kent et Essex ; il se compose de la cité de Londres, du bourg parlementaire de Southwark, et d'un nombre excessivement considérable de paroisses. Ces paroisses ne diffèrent aucunement en principe de toutes celles qui sont répandues sur la surface du royaume-uni, si ce n'est qu'elles ont en général plus d'étendue et de population ; mais leurs attributions sont les mêmes. Chacune d'elles dépend, pour la justice et aussi pour certaines branches de l'administration, du comté où elle est englobée ; c'est le *vestry* ou assemblée générale des contribuables qui, selon la tradition anglaise, est l'administrateur direct et omnipotent des intérêts particuliers de la circonscription paroissiale ; mais en vertu de l'acte de 1858, dont nous avons rapidement exposé la teneur, ces paroisses, sans abdiquer leur propre compétence, se sont groupées pour les travaux publics d'utilité commune en districts, qui sont au nombre de 38, et sont administrés comme d'usage par des commissions locales électives. Ces divers districts, à leur tour, sont reliés entre eux par une commission centrale, *metropolitan board*, qui est investie de larges pouvoirs pour tout ce qui concerne les travaux publics, la salubrité, etc., dans l'agglomération de Londres tout entière. Ainsi il y a trois éléments superposés dans le système administratif de la capitale anglaise : d'abord une multitude de paroisses, puis au-dessus et comme premier degré de concentration 38 districts ; enfin au-dessus encore de ces districts et comme second degré de concentration, le bureau métropolitain. Que de rouages, observera-t-on, quelle complication ! Oui, sans doute ; mais la complication n'entraîne pas nécessairement avec soi la confusion.

La cité de Londres proprement dite représente moins de 200,000 âmes. En 1835, quand s'accomplit en Angleterre la réforme municipale, la cité ne comptait pas plus de 100,000 habitants ; cependant les intérêts qui s'y trouvaient concentrés étaient tellement

considérables, et le respect surtout qu'inspirait sa constitution traditionnelle était si puissant, que l'on n'osa pas la modifier. Cette
corporation fut la seule du royaume qui conserva ses vieux privi-
lèges, consacrés par un grand nombre de chartes, dont la première
remonte au temps d'Édouard le Confesseur. La cité de Londres
est à la fois une municipalité et un comté, c'est-à-dire qu'elle
est non-seulement une unité administrative, mais encore une unité judiciaire. L'on trouve des sheriffs à côté du maire, et les autorités municipales exercent les nombreuses attributions des *justices
of peace* juges de paix et de police. La cité a un système judiciaire
qui lui est propre, et qu'il serait intéressant d'étudier. Il nous suffit
de dire ici que le lord-maire à une compétence fort étendue en
matière de juridiction civile, comme en matière de juridiction cri-
minelle, et que, s'il ne juge point par lui-même, ainsi qu'en droit il
le devrait faire, la justice est rendue en son nom dans la plupart des
cas par un magistrat spécial qui le remplace.

Au point de vue administratif, la cité renferme 108 paroisses, qui
toutes ont dans de certaines limites des attributions indépendantes
et souveraines. Ces 108 paroisses se répartissent en 26 quartiers.
Les pouvoirs municipaux de la cité appartiennent au conseil
commun (*common council*), composé du lord-maire, de 26 *aldermen* et de 206 conseillers. Suivant leur habitude, les Anglais n'ont
pas redouté l'existence d'une nombreuse assemblée municipale. Le
lord-maire, dont les fonctions sont annuelles, est choisi par les *aldermen* sur une liste de deux candidats que présente l'assemblée
des maîtres et membres des corps de métier (*liveries*). Ces corps
de métier ne sont pas composés uniquement d'artisans ou de
marchands : tel personnage appartient au corps des drapiers qui n'a
jamais de sa vie vendu ou fait du drap. Les citoyens notables se font
affilier à une de ces corporations, dont l'entrée est subordonnée
à certaines conditions, et le plus souvent à un droit pécuniaire
très considérable. Il est d'usage que ces électeurs prennent pour
candidats les deux premiers *aldermen* dans l'ordre du tableau ; il
est aussi de règle que le conseil des *aldermen*, qui doit choisir le
lord-maire parmi ces deux candidats, élise toujours celui qui est le
premier inscrit. Il n'y a donc là qu'une élection de pure formalité,
et dont le résultat est connu d'avance. Le lord-maire est le premier
personnage de la cité : les attributions honorifiques, la considéra-

tion immense, qui sont attachées à cette charge, sont faites pour surprendre nos idées. Le lord-maire est le premier juge de paix de la cité, il a les prérogatives d'un lord lieutenant de comté, il siège personnellement ou par délégué dans les cours de justice ; enfin, dans les limites de la cité de Londres, ce personnage, sortant de la corporation des drapiers, des tailleurs, des bouchers, ou d'une autre plus vulgaire encore, a le pas même sur le premier prince du sang, et ne le cède qu'au souverain. Les *aldermen*, au nombre de 26, sont élus par les 26 quartiers qui composent la cité. Le droit électoral appartient aux bourgeois (*freemen*) occupant des maisons d'un revenu imposable au-dessus de 10 livres sterling (250 francs), et *payant régulièrement leurs contributions*. Chaque *alderman* est le chef de sa section : chargé de veiller à la conservation de l'ordre, il réunit les attributions d'officier de police judiciaire ayant mission de rechercher les délits, et de juge ayant mission de les réprimer. Il n'y a pas dans la cité de juges de paix et de police nommés par la couronne, ce sont les *aldermen* qui en tiennent lieu : ils siègent dans différentes cours de justice. Les *aldermen* étaient autrefois nommés pour un an, comme le lord-maire : actuellement leurs fonctions sont viagères. Les conseillers (*councilmen*) sont aussi élus par les 26 quartiers en nombre qui varie d'un minimum de 4 à un maximum de 16 pour chacun d'eux. Les éléments qui entrent dans la détermination de ce nombre sont la population et aussi la somme des biens imposables de chaque quartier. Les conseillers sont élus par les mêmes électeurs que les *aldermen*. Le conseil commun, formé de ces trois éléments, le maire, les *aldermen* et les *town-counsellors*, a des attributions sur certains points beaucoup plus vastes que celles des autres conseils municipaux d'Angleterre. Non-seulement c'est une assemblée délibérante, non-seulement même c'est un corps exécutif qui nomme en principe à tous les emplois, sauf quelques rares exceptions, qui dispose de tous les fonds et biens de la cité, mais encore, chose exorbitante aux yeux d'un administrateur français, c'est un corps législatif et constituant, ayant le pouvoir de modifier, sans l'intervention du gouvernement, la constitution intérieure de la cité : ainsi c'est par une ordonnance du conseil que la nomination à vie des *aldermen* a été substituée à leur élection annuelle. Contrairement à ce qui se passe dans les autres municipalités d'Angleterre, les *aldermen* de la cité de Londres forment avec le lord-maire une commission spéciale, ayant des attributions propres et distinctes de celles du conseil commun. Les fonctionnaires de la cité sont nommés, les uns par les *aldermen*, les autres parle conseil commun. Le conseil commun et la commission des *aldermen* sont les maîtres absolus de l'administration de la cité. Aucun fonctionnaire du pouvoir central n'est placé auprès d'eux pour les diriger, les surveiller ou les approuver ; ils ne relèvent que des électeurs : c'est l'autonomie la plus complète. L'organisation de la cité de Londres n'offre au législateur continental aucun point de rapprochement, aucun modèle facile ou utile à reproduire. C'est une curiosité archéologique au même titre que la Tour de Londres, dont les gardiens conservent encore le pittoresque costume du moyen âge. Les autres parties au contraire de l'agglomération métropolitaine anglaise méritent, à tous les points de vue, qu'on les examine de près et avec attention : ce n'est plus là en effet une étude désintéressée, c'est une observation grosse d'applications pratiques.

On a vu que toutes les paroisses de l'agglomération de Londres, comme toutes celles de l'Angleterre, ont la gestion de leurs intérêts particuliers, et s'administrent par les soins de leurs *vestries* (assemblées des contribuables). Pour certains services d'utilité publique, il était nécessaire cependant qu'il s'établît un lien, sous certains rapports assez étroit, entre ces localités juxtaposées et se pénétrant les unes les autres. L'on est arrivé à fonder entre ces diverses unités une entente qui n'est pas du tout une absorption ni une fusion, mais qui mène à une action commune dans certains cas déterminés, La loi de 1858 sur l'administration locale a donné les moyens de parvenir à cette organisation collective. Les diverses branches de service d'intérêt général qui, aux termes de l'acte de 1858, peuvent être confiées, sur le vœu des localités, à des commissions locales, constituent dans l'agglomération de Londres une administration particulière dont les travaux publics sont le principal objet. La circonscription de la métropole a été divisée pour cette destination en 38 districts. Dans chacun de ces districts se trouve une commission locale, procédant de l'élection. Les membres de cette commission sont choisis dans chaque paroisse par l'assemblée paroissiale paimi les contribuables taxés pour les pauvres, à raison d'un revenu annuel de 40 livres sterling au moins. Suivant l'importance de la paroisse, elle nomme un ou plusieurs membres de la commission de district. Ces commissions de district ont dans leurs attributions la construction, l'entretien, la réparation de tous les égouts et aqueducs, sauf les artères principales (la surveillance des fosses appartenant aux particuliers), l'amélioration de la voirie, le pavage, l'éclairage. Elles doivent en outre nommer des médecins chargés de signaler les maladies épidémiques, contagieuses ou endémiques, qui feraient des ravages dans le district, d'en rechercher l'origine, de proposer les moyens propres à les combattre, de faire enfin des rapports périodiques sur l'état sanitaire de leur ressort. Chaque district à son budget spécial.

Ces 38 districts sont eux-mêmes rattachés les uns aux autres par un bureau métropolitain, composé de 43 membres, qui sont nommés par les commissions de district. Ces membres sont élus pour trois ans, et un tiers sort chaque année. Le bureau métropolitain a le double droit de nommer lui-même son président et tout le personnel administratif qu'il emploie. Voici les attributions de cette assemblée centrale : l'administration des grandes artères des égouts, la dénomination des rues, le numérotage des maisons, l'ouverture de rues nouvelles, l'alignement, l'élargissement et le redressement des rues existantes. Le bureau métropolitain a de plus un droit de surveillance et de contrôle nettement limité à l'égard des commissions de district ; il statue sur les appels des intéressés contre les décisions de commissions locales, il sanctionne les emprunts à charge de taxes, que ces commissions veulent contracter. L'assainissement de la Tamise est l'une des principales œuvres dont la commission métropolitaine est chargée. Pour couvrir les frais considérables de ces travaux, la commission peut lever une taxe de 3 pence par livre de revenu sur toute propriété bâtie ou non bâtie ; cette taxe est réservée aux travaux de la Tamise. Les autres dépenses du bureau métropolitain sont couvertes au moyen de taxes, qu'il répartit en ayant égard à deux considérations : d'une part la richesse de chacun des districts, d'autre part l'avantage que chaque partie de la métropole doit retirer des nouveaux travaux.

Cette esquisse de l'organisation de la métropole anglaise serait très incomplète, si nous n'y joignions l'exposé rapide du système de police. L'unité essentielle au service de la police a motivé en 1829 une réforme radicale dans l'organisation de ce service à Londres. Jusqu'alors la métropole était divisée, sous ce rapport aussi, en districts, qui n'avaient pas de lien commun. Le service manquait d'ensemble, au grand avantage des malfaiteurs, qui se dérobaient assez aisément aux poursuites en passant d'un district dans l'autre. La réforme de 1829 a produit une amélioration sensible. Aujourd'hui la police est constituée à Londres d'une manière tout à fait spéciale ; c'est une administration indépendante. La police métropolitaine embrasse non-seulement l'agglomération de Londres, mais encore tout le comté de Middlesex et une partie des comtés de Surrey, Kent, Herts et Essax ; elle étend en outre sa juridiction sur tout le cours inférieur de la Tamise et sur les rives de ce fleuve. À la tète de ce service, l'on trouve un commissaire en chef avec deux commissaires-adjoints ; ces trois fonctionnaires sont nommés par la couronne. Les commissaires-adjoints sont les auxiliaires du commissaire en chef quand il est présent, ses suppléants quand il est absent. Ils sont en outre juges de paix et de police (*justices of peace*) pour les comtés de Middlesex, Surrey, Herts, Essex, Kent, Berks et Buckingham : ils servent ainsi de lien entre la police de la métropole et la police des comtés adjacents. La police métropolitaine est une personne morale qui a un patrimoine et des ressources propres. Ces ressources et ce patrimoine sont confiés à un receveur, nommé par le commissaire en chef : c'est également le commissaire en chef qui nomme tous les agents. Le receveur représente la police métropolitaine au point de vue économique. Il est investi de tous les biens meubles et immeubles appartenant à la police ; il fait tous les actes concernant l'achat, la conservation et la vente de ces biens. C'est un point remarquable, et qui mérite d'être reproduit chez nous, que l'érection de la police métropolitaine en personne morale, capable d'avoir et de gérer un patrimoine, de recevoir des dons et des legs.

La police métropolitaine, ainsi constituée par l'acte de 1829, ne s'appliquait pas dans l'origine à la cité de Londres. Cette vénérable corporation avait résisté à l'absorption partielle de ses vieilles attributions. Au moyen de concessions réciproques, l'on arriva à un compromis curieux. En vertu d'un acte de 1839, l'administration de la police dans la cité de Londres est confiée à une commission supérieure et à un commissaire en chef, nommés par le conseil municipal ; mais la nomination du commissaire en chef doit être soumise à l'approbation du gouvernement. Suivant l'habitude anglaise, qui confie le choix de tous les employés au chef de service, c'est le commissaire en chef qui nomme tous les agens du service actif, tandis que la commission supérieure, par une distinction habile et heureuse, choisit ceux du service administratif. Les rè-glement de police sont préparés par le commissaire en chef, sou-mis à l'approbation du lord-maire, et présentés seulement alors à l'homologation du gouvernement. Dans chaque section de la cité, la partie administrative du service de la police appartient à l'*al-dermen* et aux membres du conseil commun élu par la section. Cette commission de section a pour principal objet de notifier à la commission supérieure le traitement des secrétaires, des bedeaux, et les crédits pour les autres frais de l'administration de la section votés par les habitants réunis en assemblée. On voit quelle large part d'indépendance les diverses fractions de la cité ont conservée, même en ce qui concerne le service le plus centralisé ; mais cette organisation particulière à la cité de Londres est une exception, justifiée par un excessif respect pour les traditions : c'est dans les autres parties de l'agglomération londonienne que le législateur français doit chercher des exemples.

Tel est le régime de l'immense métropole anglaise. Deux traits surtout sont caractéristiques. D'un côté la police y dépend com-plètement de la couronne ; les autorités locales n'interviennent d'aucune manière dans ce service essentiel. D'une autre part, pour tous les autres services administratifs, l'agglomération de Londres est partagé en une foule de sections, qui toutes ont leur sphère d'activité propre et indépendante : ce sont d'abord les paroisses, dont le nombre se compte par centaines, avec leurs *vestries*, as-semblées des contribuables ; puis viennent les 38 districts avec leurs commissions locales : au-dessus enfin le bureau métropoli-tain. Est-il exact, ainsi qu'on l'a prétendu, que les Anglais soient las de cette complication de ressorts et disposés à se défaire de leurs commissions de district et de leurs assemblées paroissiales ? Une telle assertion serait fort exagérée. Il s'en faut que nos voisins se précipitent à si grands pas dans la voie de la centralisation. Sans doute il y a depuis nombre d'années un mouvement général en Angleterre pour élargir les attributions des commissions de dis-trict aux dépens de celles des paroisses soit urbaines, soit rurales ; mais il n'en résulte pas que l'on veuille dépouiller entièrement ces dernières. Ce qui serait encore plus erroné, ce serait de croire que les commissions de district de l'agglomération de Londres vont être complètement sacrifiées au bureau métropolitain. Il ne vient à l'esprit d'aucun Anglais d'imposer à cette population de 3 millions d'habitants disséminés sur plusieurs lieues carrées un seul conseil municipal, omnipotent et composé de 60 ou 80 membres. Le jour où cette idée ferait des progrès en Angleterre, on pourrait dire adieu au *self-government*, ainsi qu'à la liberté britannique. Dans les diverses assemblées de district et de paroisse à Londres, plus de 100,000 individus prennent une part active à l'administration locale. Le jour où ils seraient remplacés par un bureau de 60 membres, il pourrait peut-être y avoir autant ou même plus d'ordre à la surface et de commodités extérieures ; mais la vie municipale serait éteinte, la population se désintéresserait des affaires locales : il ne pourrait plus être question de l'administration du pays par le pays.

Dans quelle mesure la France peut-elle faire des emprunts à l'Angleterre pour l'organisation administrative de sa capitale ? La question s'est posée devant l'assemblée nationale, et n'a pas été résolue. On connaît l'amendement de M. Raudot, qui a été soutenu avec énergie par une notable partie de la chambre, et qui a paru un instant sur le point d'enlever les suffrages. Il proposait de doter chaque arrondissement de l'agglomération parisienne d'un conseil municipal particulier ; des commissions spéciales composées de délégués de chaque conseil municipal auraient été chargées de régler les affaires intéressant *l'ensemble de toutes les communes de Paris*. M. Raudot croyait reproduire ainsi fidèlement l'organisation administrative de la ville de Londres ; il se trompait, et M. Léon Say, mieux informé, n'a pas eu de peine à démontrer cette erreur. Ce qu'il y avait d'erroné dans la proposition de M. Raudot, c'était la prétention de substituer au *bureau métropolitain* de Londres toute une série de commissions spéciales ayant chacune un objet particulier : il a été facile d'établir que les Anglais avaient abandonné ce système suranné, et qu'ils n'avaient pas reculé devant l'établissement à Londres d'un véritable conseil municipal central se superposant, sais les absorber, à tous les conseils de district. C'est aussi ce dernier régime que nous pourrions adopter pour Paris. Il est indispensable que la capitale soit divisée en plusieurs groupes

Paul Leroy-Beaulieu

élémentaires ayant chacun une vie propre, faisant chacun ses affaires, gérant chacun ses intérêts spéciaux. Une agglomération
de 2 millions d'habitants ne peut être fondue en une seule masse
uniforme, ce serait là un phénomène unique au monde : une telle
organisation serait radicalement contraire aux conditions essentielles du *self-government*, il n'en pourrait sortir que le despotisme.
Paris réclame vingt municipalités distinctes : si plus de 100,000
personnes à Londres prennent une part directe à la gestion des
intérêts locaux, il est naturel qu'au moins un millier de personnes
à Paris soient dans le même cas ; mais ces vingt municipalités distinctes doivent être reliées, comme à Londres, par une municipalité centrale qui soit la délégation des premières pour les affaires
d'intérêt commun. Ainsi chaque arrondissement conserverait son
individualité, au grand bénéfice de l'ordre, et en même temps les
intérêts généraux ne tomberaient pas en souffrance.

Comment distinguer entre les attributions des conseils d'arrondissement et celles du conseil central ? Toutes les grandes villes
non-seulement d'Angleterre, mais même d'Amérique, sont ainsi
partagées en plusieurs groupes élémentaires, qui cependant savent
se réunir pour une action commune. Philadelphie par exemple se
compose de cinq villes juxtaposées ; il en est ainsi pour presque
toutes les cités importantes du Nouveau-Monde, Notre défaut, à
nous Français, est de vouloir établir la liberté et l'ordre public en
dehors de toutes les conditions connues, appréciées et pratiquées
par les autres peuples civilisés. Quoi de plus aisé que de laisser à
nos municipalités d'arrondissement la gestion de la petite voirie,
des squares, des marchés de quartier, de l'assistance publique à domicile, des écoles primaires, de beaucoup d'autres services qu'il serait facile de désigner, et qui ne réclament pas impérieusement une
grande concentration ? Ne serait-ce pas là une sphère assez vaste,
où pourrait efficacement s'exercer l'activité des conseillers locaux ?
Quant au conseil central ou métropolitain, il aurait à lui l'entretien des monuments, les grandes artères de viabilité ou d'égouts,
les halles centrales, entrepôts, magasins-généraux, les grands cimetières, les grands hôpitaux, le cours et la navigation de la Seine,
les eaux de la Dhuys et de la Vanne, les hautes écoles, etc.

Nous aurions donc un bureau central, composé de délégués nommés en nombre égal par chaque conseil d'arrondissement, et ayant

quelques attributions importantes, mais réduites, nettement caractérisées. La plupart des questions qui passionnent les esprits, l'enseignement primaire par exemple et l'assistance publique à domicile, ne seraient pas de son ressort : les municipalités d'arrondissement seraient chargées de ces services locaux. Toutes les passions ne seraient pas éteintes par ces franchises de quartier. Quoi qu'en dise M. Jules Favre, il y a et il y aura toujours dans une immense ville comme Paris d'autres gens que des citoyens probes et intelligents ; mais ce serait un grand point que d'avoir assuré à chaque arrondissement une indépendance relative, que d'avoir développé dans chacun d'eux la vie locale et aussi la vie de quartier ; au point de vue administratif, de même qu'au point de vue politique, ce serait un progrès immense.

Mais comment faire le partage des recettes et des dépenses entre ces localités multiples ? Voilà la grande objection. La principale source des recettes de Paris n'est-elle pas une et indivisible, l'octroi ? Cet obstacle cependant n'en est pas un. Nous voyons fonctionner à nos côtés avec le plus grand succès le *Zollverein* ou l'union douanière allemande, en dépit de la diversité et de la variété des états qui entrent dans cette association. Est-ce que les charges et les ressources ne s'y répartissent pas d'après des bases faciles à établir, qui n'ont rien d'arbitraire, et qui n'excitent presque aucune contestation ? Les divers arrondissements de Paris seraient par rapport aux produits de l'octroi exactement dans la même situation que les différents états d'Allemagne par rapport aux recettes du Zollverein. Est-ce que nous ne voyons pas depuis bien des années chez nos ennemis exister côte à côte le parlement prussien, le parlement de l'Allemagne du nord, le parlement douanier, ayant chacun sa compétence et son territoire, sans confusion et sans conflit ? La civilisation moderne est une œuvre compliquée ; il faut bien que ses organes participent un peu de la complication de ses fonctions et de ses mouvements. Notre amour dévorant de la simplicité nous perd. La France ignore la science de l'administration. La centralisation excessive ne cache qu'une incapacité, non pas constitutionnelle sans doute, mais invétérée. Que de fois n'avons-nous pas voyagé en train rapide de Berlin à Paris ! Nous passions ainsi sur les réseaux de cinq ou six chemins de fer allemands différons : y avait-il le moindre retard, la plus petite incorrection dans le service ? Non certes. En France, on croirait tout perdu, si le trajet de Paris à Marseille n'était pas concédé à une seule compagnie. Aussi avons-nous fusionné toutes nos voies ferrées, au grand détriment du commerce et du progrès. Il en est de même dans l'administration politique : l'idée qu'il pourrait y avoir à Paris vingt municipalités d'arrondissement, reliées ensemble par une municipalité centrale, confond notre routine, effraie notre paresse. C'est ainsi pourtant que les choses se passent pour toutes les grandes cités des peuples libres : c'est à ce prix qu'ils ont acheté l'administration du pays par le pays, ou le *self-government*. Quant à penser que nous aurons fondé la vie locale dans une ville de 2 millions d'habitants en lui faisant élire soixante ou quatre-vingts conseillers municipaux, c'est une véritable erreur.

Il faudra, quoi qu'il en coûte, opérer dans notre administration municipale des réformes plus radicales. Nous avons devant nous deux exemples : les institutions locales de la constitution de l'an III et le régime anglais d'organisation municipale. Sachons profiter de l'un et de l'autre, sachons même les combiner. Les villes qui ont une certaine importance ne doivent être asservies ni aux préfets, ni aux départements. Il est raisonnable qu'elles s'administrent elles-mêmes avec indépendance. Ce n'est pas seulement l'ingérence des fonctionnaires du pouvoir central qu'il s'agit de restreindre, ce sont aussi les attributions excessives des maires. D'un autre côté, il importe que le terrain administratif soit très nettement circonscrit et rendu parfaitement distinct du terrain politique. Que les localités régissent elles-mêmes leurs intérêts spéciaux ; mais que le pouvoir central retienne toutes les attributions qui touchent à la force publique et à la police. Le *self-government* n'est pas le morcellement infinitésimal du territoire. Tout ce qui concerne la force armée, la répression des délits ou des crimes rentre dans la sphère du gouvernement. L'organisation de la ville de Londres est pleine d'enseignement à cet égard. Les pouvoirs locaux jouissent dans l'agglomération londonienne d'une complète autonomie économique ; mais le pouvoir central seul a l'organisation de la police : c'est lui qui en nomme le personnel, et qui en fait les règlements. C'est à ce prix que l'on peut concilier l'autonomie administrative des localités et l'unité politique du pays. Si nos communes de France, y compris l'agglomération parisienne, veulent jouir de

complètes franchises municipales, elles commenceront par renon-
cer à l'organisation actuelle de la garde nationale, et laisseront au
gouvernement central la direction de la police et de la force armée,
à tous les degrés et sous toutes ses formes.

ISBN : 978-1532895197

Paul Leroy-Beaulieu